Skirta visoms bitutėms, ypač mano trims. Taip pat Betinai, kuri buvo labai entuziastinga ir palaikanti x

For all the little bees, my little three especially. Also, for Bettina, who was super enthusiastic and supportive x

- Elly Gedye

Text © 2023 by M Gedye

If you find a mistake in the translation, let us know. Email hello@booksforwednesdays.com
Jei radote vertimo klaidą - praneškite mums. El. paštu hello@booksforwednesdays.com

ISBN - 979-8-877402-44-7

Tai bitė Betė ir ji pasiklydo!
This is Betty the bee, and she's lost her way!

Padėkime jai rasti kelią namo.
Ji gyvena avilyje, sode prie įlankos.
Let's help her find it.
She lives in a hive, in the garden by the bay.

Visi pirmyn į laivą, čia mūsų laivas!
Raskite vietą, tvirtai laikykitės, neišgriūkite!
All aboard, here's our ship!
Find a seat, hold on tight, don't trip!

Mes einame ieškoti Betės namų,
aplankysime daugybę sodų,
daugybėje skirtingų vietų!
We're off to find Betty's home,
we'll visit lots of gardens,
in many different zones!

Pažiūrėk pro langą, ką matai?
Ar čia bitės Betės namai?
Look out the window, what can you see?
Is this the home of Betty the bee?

Ne! Tai atšiauri, karšta dykuma su geltonais spygliuotais medžiais.
Tai negali būti tiesa, o kur bitės?
No! It's a harsh, hot desert with yellow spiky trees.
This can't be right, where are the bees?

Atsiprašau, bet tai ne Betės sodas, keliaujam!
I beg your pardon, but that's not Betty's garden, off we go!

Pažiūrėk pro langą, ką matai?
Ar čia bitės Betės namai?
**Look out the window, what can you see?
Is this the home of Betty the bee?**

Ne! Tai po vandeniu, kartu su žuvimis, dumbliais ir burbulais
- ar mes įkritome į labai didelę balą?
**No! It's underwater with fish and kelp and bubbles,
did we fall into a really big puddle?**

Atsiprašau, bet tai ne Betės sodas, keliaujam!
I beg your pardon, but that's not Betty's garden, off we go!

Pažiūrėk pro langą, ką matai?
Ar čia bitės Betės namai?
Look out the window, what can you see?
Is this the home of Betty the bee?

Ne! Snieguota ir šalta, su dideliais, puošniais vartais,
tačiau nemanau, kad Betės sode yra snaigių.
No! It's snowy and cold with big fancy gates,
and I don't think Betty's garden has snowflakes.

Atsiprašau, bet tai ne Betės sodas, keliaujam!
I beg your pardon, but that's not Betty's garden, off we go!

Pažiūrėk pro langą, ką matai?
Ar čia bitės Betės namai?
**Look out the window, what can you see?
Is this the home of Betty the bee?**

Ne! Tai balkonas su gražiais rožiniais
bijūnais,pažiūrėkite koks nuostabus
vaizdas!Pajuskite miesto vėją.
**No! It's a balcony with pretty
pink peonies, look at the view!
Feel the city breeze.**

Atsiprašau, bet tai ne Betės sodas,
keliaujam!
**I beg your pardon, but that's not Betty's
garden, off we go!**

Pažiūrėk pro langą, ką matai?
Ar čia bitės Betės namai?
Look out the window, what can you see?
Is this the home of Betty the bee?

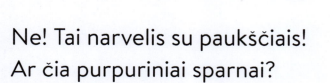

Ne! Tai narvelis su paukščiais!
Ar čia purpuriniai sparnai?
Koks absurdas!
No! It's an avairy with birds!
Are those purple wings?
How absurd!

Atsiprašau, bet tai ne Betės sodas, keliaujam!
I beg your pardon, but that's not Betty's garden, off we go!

Pažiūrėk pro langą, ką matai?
Ar čia bitės Betės namai?
Look out the window, what can you see?
Is this the home of Betty the bee?

Ne! Tai tunelis, paslėptas nuo pasaulio, su mažomis, oranžinėmis gėlėmis, visiškai niekieno netrukdomas.
No! It's a tunnel hidden from the world,
with little orange flowers, completely undisturbed.

Atsiprašau, bet tai ne Betės sodas, keliaujam!
I beg your pardon, but that's not Betty's garden, off we go!

Pažiūrėk pro langą, ką matai?
Ar čia bitės Betės namai?
Look out the window, what can you see?
Is this the home of Betty the bee?

Ne! Tai sodas nakties metu,
mėlynos ir baltos gėlės, kartu ryškiai šviečiant mėnuliui.
No! It's a garden at night,
blue and white flowers, with the moon shining bright.

Atsiprašau, bet tai ne Betės sodas, keliaujam!
I beg your pardon, but that's not Betty's garden, off we go!

Vargšė Betė! Jai labai liūdna,
tai ne toks nuotykis, kokio ji norėjo!
**Poor Betty! She's feeling quite sad,
this is not the adventure she thought she'd have!**

Ar ji kada nors ras savo namus?
Ji norėtų, kad nebūtų pasiklydusi,
ir žinotų, kaip surasti sodą prie įlankos.
**Will she ever find her home?
She wishes she hadn't lost her way,
and knew how to find the garden by the bay.**

Pažiūrėk pro langą,
ką matai?
Ar čia bitės Betės namai?
**Look out the window,
what can you see?
Is this the home of Betty
the bee?**

Taip, ten yra avilys ir ten yra įlanka!
Bete, tu atradai savo kelią!
**Yes, there's the hive and there's the bay!
Betty, you have found your way!**

Ši knyga buvo AI vaizdų generavimo eksperimentas. Štai keletas skirtingų Betės atvaizdų, kurie buvo sukuti dar prieš mums pasirenkant tinkamus raktinius žodžius.

**This book was an experiment in AI image generation.
Here are some of the different Bettys that were generated
before we landed on the right key words:**

Ar jums patiko ši knygelė? Jums taip pat gali patikti:
Did you enjoy this book? You might also enjoy:

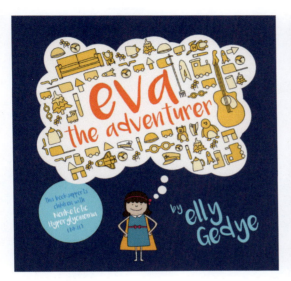 

Prieinama dviejų kalbų formatu, daugiau nei 50 skirtingų kalbų!
Available in dual language format, in over 50 different languages!
www.booksforwednesdays.com

Jei jums patiko ši knygelė, palikite mums Amazon Atsiliepimą.
If you liked this book, please leave us an Amazon Review!

Printed in Great Britain
by Amazon

Betty the Bee has lost her way!
Bitė Bėtė pasiklydo!

Can we help her find her home? All aboard our ship, we'll explore many different gardens to help Betty find her way, to the little hive in the garden by the bay.

This is a gentle exploration of perseverance for young and old alike. Recommended for ages 2 and up.

Ar galime jai padėti sugrįŸti į namus? Visi greičiau į mŧsų laivą, mes keliausime tyrinėti daugybę skirtingų sodų, kad padėtume Betei rasti kelią į maŸą avilį, esantį sode prie įlankos.

Tai smagi atkaklumo kelionė tiek jauniems, tiek vyresniems. Rekomenduojama 2 metų ir vyresniems.

www.booksforwednesdays.com

ISBN 9798877402447